U0164587

心一堂術數古籍珍本叢刊

書名：章仲山門內真傳《三元九運挨星篇》《挨星定局篇》《口訣篇》《運用篇》

系列：心一堂術數古籍珍本叢刊　堪輿類　無常派玄空珍秘　第二輯　204

作者：【清】章仲山、柯遠峰等

主編、責任編輯：陳劍聰

心一堂術數古籍珍本叢刊編校小組：陳劍聰　素聞　梁松盛　鄒偉才　虛白盧主

出版：心一堂有限公司

通訊地址：香港九龍旺角彌敦道六一〇號荷李活商業中心十八樓〇五一〇六室

深港讀者服務中心：中國深圳市羅湖區立新路六號羅湖商業大厦負一層〇〇八室

電話號碼：(852)67150840

網址：publish.sunyata.cc

網店：http://book.sunyata.cc

淘寶店地址：https://shop210782774.taobao.com

微店地址：https://weidian.com/s/1212826297

臉書：https://www.facebook.com/sunyatabook

讀者論壇：http://bbs.sunyata.cc/

版次：二零一八年一月初版

平裝

定價：港幣　　一百八十元正
　　　新台幣　六百九十八元正

國際書號：ISBN 978-988-8317-93-6

電郵：sunyatabook@gmail.com

香港發行：香港聯合書刊物流有限公司

地址：香港新界大埔汀麗路36號中華商務印刷大廈3樓

電話號碼：(852)2150-2100

傳真號碼：(852)2407-3062

電郵：info@suplogistics.com.hk

台灣發行：秀威資訊科技股份有限公司

地址：台灣台北市內湖區瑞光路七十六巷六十五號一樓

電話號碼：+886-2-2796-3638

傳真號碼：+886-2-2796-1377

網絡書店：www.bodbooks.com.tw

台灣國家書店讀者服務中心：

地址：台灣台北市中山區松江路二〇九號一樓

電話號碼：+886-2-2518-0207

傳真號碼：+886-2-2518-0778

網絡書店：http://www.govbooks.com.tw

中國大陸發行　零售：深圳心一堂文化傳播有限公司

深圳地址：深圳市羅湖區立新路六號羅湖商業大厦負一層〇〇八室

電話號碼：(86)0755-82224934

心一堂微店二維碼

心一堂淘寶店二維碼

心一堂術數古籍 珍本 整理 叢刊 總序

術數定義

術數，大概可謂以「推算（推演）、預測人（個人、群體、國家等）、事、物、自然現象、時間、空間方位等規律及氣數，並或通過種種『方術』，從而達致趨吉避凶或某種特定目的」之知識體系和方法。

術數類別

我國術數的內容類別，歷代不盡相同，例如《漢書·藝文志》中載，漢代術數有六類：天文、曆譜、五行、蓍龜、雜占、形法。至清代《四庫全書》，術數類則有：數學、占候、相宅相墓、占卜、命書、相書、陰陽五行、雜技術等，其他如《後漢書·方術部》、《藝文類聚·方術部》、《太平御覽·方術部》等，對於術數的分類，皆有差異。古代多把天文、曆譜、及部分數學均歸入術數類，而民間流行亦視傳統醫學作為術數的一環；此外，有些術數與宗教中的方術亦往往難以分開。現代民間則常將各種術數歸納為五大類別：命、卜、相、醫、山，通稱「五術」。

本叢刊在《四庫全書》的分類基礎上，將術數分為九大類別：占筮、星命、相術、堪輿、選擇、三式、讖諱、理數（陰陽五行）、雜術（其他）。而未收天文、曆譜、算術、宗教方術、醫學。

術數思想與發展——從術到學，乃至合道

我國術數是由上古的占星、卜筮、形法等術發展下來的。其中卜筮之術，是歷經夏商周三代而通過「龜卜、蓍筮」得出卜（筮）辭的一種預測（吉凶成敗）術，之後歸納並結集成書，此即現傳之《易

經》。經過春秋戰國至秦漢之際，受到當時諸子百家的影響、儒家的推崇，遂有《易傳》等的出現，原本是卜筮術書的《易經》，被提升及解讀成有包涵「天地之道（理）」之學。因此，《易·繫辭傳》曰：「易與天地準，故能彌綸天地之道。」

漢代以後，易學中的陰陽學說，與五行、九宮、干支、氣運、災變、律曆、卦氣、讖緯、天人感應說等相結合，形成易學中象數系統。而其他原與《易經》本來沒有關係的術數，如占星、形法、選擇，亦漸漸以易理（象數學說）為依歸。《四庫全書·易類小序》云：「術數之興，多在秦漢以後。要其旨，不出乎陰陽五行，生剋制化。實皆《易》之支派，傅以雜說耳。」至此，術數可謂已由「術」發展成「學」。

及至宋代，術數理論與理學中的河圖洛書、太極圖、邵雍先天之學及皇極經世等學說給合，通過術數以演繹理學中「天地中有一太極，萬物中各有一太極」（《朱子語類》）的思想。術數理論不單已發展至十分成熟，而且也從其學理中衍生一些新的方法或理論，如《梅花易數》、《河洛理數》等。

在傳統上，術數功能往往不止於僅僅作為趨吉避凶的方術，及「能彌綸天地之道」的學問，亦有其「修心養性」的功能，「與道合一」（修道）的內涵。《素問·上古天真論》：「上古之人，其知道者，法於陰陽，和於術數。」數之意義，不單是外在的算數、歷數、氣數，而是與理學中同等的「道」、「理」一心性的功能，北宋理氣家邵雍對此多有發揮：「聖人之心，是亦數也」、「萬化萬事生乎心」、「心為太極」。《觀物外篇》：「先天之學，心法也。……蓋天地萬物之理，盡在其中矣，心一而不分，則能應萬物。」反過來說，宋代的術數理論，受到當時理學、佛道及宋易影響，認為心性本質上是等同天地之太極。天地萬物氣數規律，能通過內觀自心而有所感知，即是內心也已具備有術數的推演及預測、感知能力；相傳是邵雍所創之《梅花易數》，便是在這樣的背景下誕生。

《易·文言傳》已有「積善之家，必有餘慶；積不善之家，必有餘殃」之說，至漢代流行的災變說及讖緯說，我國數千年來都認為天災，異常天象（自然現象），皆與一國或一地的施政者失德有關；下

至家族、個人之盛衰，也都與一族一人之德行修養有關。因此，我國術數中除了吉凶盛衰理數之外，人心的德行修養，也是趨吉避凶的一個關鍵因素。

術數與宗教、修道

在這種思想之下，我國術數不單只是附屬於巫術或宗教行為的方術，又往往是一種宗教的修煉手段──通過術數，以知陰陽，乃至合陰陽（道）。「其知道者，法於陰陽，和於術數。」例如，「奇門遁甲」術中，即分為「術奇門」與「法奇門」兩大類。「法奇門」中有大量道教中符籙、手印、存想、內煉的內容，是道教內丹外法的一種重要外法修煉體系。甚至在雷法一系的修煉上，亦大量應用了術數內容。此外，相術、堪輿術中也有修煉望氣（氣的形狀、顏色）的方法；堪輿家除了選擇陰陽宅之吉凶外，也有道教中選擇適合修道環境（法、財、侶、地中的地）的方法，以至通過堪輿術觀察天地山川陰陽之氣，亦成為領悟陰陽金丹大道的一途。

易學體系以外的術數與的少數民族的術數

我國術數中，也有不用或不全用易理作為其理論依據的，如揚雄的《太玄》、司馬光的《潛虛》。也有一些占卜法、雜術不屬於《易經》系統，不過對後世影響較少而已。

外來宗教及少數民族中也有不少雖受漢文化影響（如陰陽、五行、二十八宿等學說。）但仍自成系統的術數，如古代的西夏、突厥、吐魯番等占卜及星占術，藏族中有多種藏傳佛教占卜術、苯教占卜術；北方少數民族有薩滿教占卜術；不少少數民族如水族、白族、布朗族、佤族、彝族、苗族等，皆有占雞（卦）草卜、雞蛋卜等術，納西族的占星術、占卜術，彝族畢摩的推命術、占卜術……等等，都是屬於《易經》體系以外的術數。相對上，外國傳入的術數以及其理論，對我國術數影響更大。

曆法、推步術與外來術數的影響

我國的術數與曆法的關係非常緊密。早期的術數中，很多是利用星宿或星宿組合的位置（如某星在某州或某宮某度）付予某種吉凶意義，并據之以推演，例如歲星（木星）、月將（某月太陽所躔之宮次）等。不過，由於不同的古代曆法推步的誤差及歲差的問題，若干年後，其術數所用之星辰的位置，已與真實星辰的位置不一樣了；此如歲星（木星），早期的曆法及術數以十二年為一周期（以應地支），與木星真實周期十一點八六年，每幾十年便錯一宮。後來術家又設一「太歲」的假想星體來解決，是歲星運行的相反，週期亦剛好是十二年。而術數中的神煞，很多即是根據太歲的位置而定。又如六壬術中的「月將」，原是立春節氣後太陽躔娵訾之次而稱作「登明亥將」，至宋代，因歲差的關係，要到雨水節氣後太陽才躔娵訾之次，當時沈括提出了修正，但明清時六壬術中「月將」仍然沿用宋代沈括修正的起法沒有再修正。

由於以真實星象的推步術是非常繁複，而且古代星象推步術本身亦有不少誤差，大多數術數除依曆書保留了太陽（節氣）、太陰（月相）的簡單宮次計算外，漸漸形成根據干支、日月等的各自起例，以起出其他具有不同含義的眾多假想星象及神煞系統。唐宋以後，我國絕大部分術數都主要沿用這一系統，也出現了不少完全脫離真實星象的術數，如《子平術》、《紫微斗數》、《鐵版神數》等。後來就連一些利用真實星辰位置的術數，如《七政四餘術》及選擇法中的《天星選擇》，也已與假想星象及神煞混合而使用了。

隨着古代外國曆（推步）、術數的傳入，如唐代傳入的印度曆法及術數，元代傳入的回回曆等，其中我國占星術便吸收了印度占星術中羅睺星、計都星等而形成四餘星，又通過阿拉伯占星術而吸收了其中來自希臘、巴比倫占星術的黃道十二宮、四大（四元素）學說（地、水、火、風），並與我國傳統的二十八宿、五行說、神煞系統並存而形成《七政四餘術》。此外，一些術數中的北斗星名，不用我國傳統的星名：天樞、天璇、天璣、天權、玉衡、開陽、搖光，而是使用來自印度梵文所譯的：貪狼、巨

門、祿存、文曲、廉貞、武曲、破軍等，此明顯是受到唐代從印度傳入的曆法及占星術所影響。如星命術中的《紫微斗數》及堪輿術中的《撼龍經》等文獻中，其星皆用印度譯名。及至清初《時憲曆》，置閏之法則改用西法「定氣」。清代以後的術數，又作過不少的調整。

此外，我國相術中的面相術、手相術，唐宋之際受印度相術影響頗大，至民國初年，又通過翻譯歐西、日本的相術書籍而大量吸收歐西相術的內容，形成了現代我國坊間流行的新式相術。

陰陽學——術數在古代、官方管理及外國的影響

術數在古代社會中一直扮演着一個非常重要的角色，影響層面不單只是某一階層、某一職業、某一年齡的人，而是上自帝王，下至普通百姓，從出生到死亡，不論是生活上的小事如洗髮、出行等，大事如建房、入伙、出兵等，從個人、家族以至國家，從天文、氣象、地理到人事、軍事，從民俗、學術到宗教，都離不開術數的應用。我國最晚在唐代開始，已把以上術數之學，稱作陰陽（學），行術數者稱陰陽人。（敦煌文書、斯四三二七唐《師師漫語話》：「以下說陰陽人謾語話」，此說法後來傳入日本，今日本人稱行術數者為「陰陽師」）。一直到了清末，欽天監中負責陰陽術數的官員中，以及民間術數之士，仍名陰陽生。

古代政府的中欽天監（司天監），除了負責天文、曆法、輿地之外，亦精通其他如星占、選擇、堪輿等術數，除在皇室人員及朝庭中應用外，也定期頒行日書、修定術數，使民間對於天文、日曆用事吉凶及使用其他術數時，有所依從。

我國古代政府對官方及民間陰陽學及陰陽官員，從其內容、人員的選拔、培訓、認證、考核、律法監管等，都有制度。至明清兩代，其制度更為完善、嚴格。

宋代官學之中，課程中已有陰陽學及其考試的內容。（宋徽宗崇寧三年〔一一零四年〕崇寧算學令：「諸學生習……並曆算、三式、天文書。」「諸試……三式即射覆及預占三日陰陽風雨。天文即預

定一月或一季分野災祥，並以依經備草合問為通。」

金代司天臺，從民間「草澤人」（即民間習術數人士）考試選拔：「其試之制，以《宣明曆》試推步，及《婚書》、《地理新書》試合婚、安葬，並《易》筮法、六壬課、三命、五星之術。」（《金史》卷五十一·志第三十二·選舉一）

元代為進一步加強官方陰陽學對民間的影響、管理、控制及培育，除沿襲宋代、金代在司天監掌管陰陽學及中央的官學陰陽學課程之外，更在地方上增設陰陽學課程（《元史·選舉志一》：「世祖至元二十八年夏六月始置諸路陰陽學。」）地方上也設陰陽學教授員，培育及管轄地方陰陽人。（《元史·選舉志一》：「（元仁宗）延祐初，令陰陽人依儒醫例，於路、府、州設教授員，凡陰陽人皆管轄之，而上屬於太史焉。」）自此，民間的陰陽術士（陰陽人），被納入官方的管轄之下。

至明清兩代，陰陽學制度更為完善。中央欽天監掌管陰陽學，明代地方縣設陰陽學正術，各州設陰陽學典術，各縣設陰陽學訓術。陰陽人從地方陰陽學肄業或被選拔出來後，再送到欽天監考試。（《大明會典》卷二二三：「凡天下府州縣到陰陽人堪任正術等官者，俱從吏部送（欽天監），考中，送回選用；不中者發回原籍為民，原保官吏治罪。」）清代大致沿用明制，凡陰陽術數之流，悉歸中央欽天監及地方陰陽官員管理、培訓、認證。至今尚有「紹興府陰陽印」、「東光縣陰陽學記」等明代銅印，及某某縣某某之清代陰陽執照等傳世。

清代欽天監漏刻科對官員要求甚為嚴格。《大清會典》「國子監」規定：「凡算學之教，設肄業生。滿洲十有二人，蒙古、漢軍各六人，於各旗官學內考取。漢十有二人，於舉人、貢監生童內考取。」學生在官學肄業、貢監生肄業或考得舉人後，經過了五年對天文、算法、陰陽學的學習，其中精通陰陽術數者，會送往漏刻科。而在欽天監供職的官員，《大清會典則例》「欽天監」規定：「本監官生三年考核一次，術業精通者，保題升用。不及者，停其升轉，再加學習。如能黽

勉供職，即予開復。仍不及者，降職一等，再令學習三年，能習熟者，准予開復，仍不能者，黜退。」除定期考核以定其升用降職外，《大清律例》中對陰陽術士不準確的推斷（妄言禍福）是要治罪的。《大清律例・一七八・術七・妄言禍福》：「凡陰陽術士，不許於大小文武官員之家妄言禍福，違者杖一百。其依經推算星命卜課，不在禁限。」大小文武官員延請的陰陽術士，自然是以欽天監漏刻科官員或地方陰陽官員為主。

官方陰陽學制度也影響鄰國如朝鮮、日本、越南等地，一直到了民國時期，鄰國仍然沿用着我國的多種術數。而我國的漢族術數，在古代甚至影響遍及西夏、突厥、吐蕃、阿拉伯、印度、東南亞諸國。

術數研究

術數在我國古代社會雖然影響深遠，「是傳統中國理念中的一門科學，從傳統的陰陽、五行、九宮、八卦、河圖、洛書等觀念作大自然的研究。……傳統中國的天文學、數學、煉丹術等，要到上世紀中葉始受世界學者肯定。可是，術數還未受到應得的注意。術數在傳統中國科技史、思想史，文化史、社會史，甚至軍事史都有一定的影響。……更進一步了解術數，我們將更能了解中國歷史的全貌。」（何丙郁《術數、天文與醫學中國科技史的新視野》香港城市大學中國文化中心。）

可是術數至今一直不受正統學界所重視，加上術家藏秘自珍，又揚言天機不可洩漏，「（術數）乃吾國科學與哲學融貫而成一種學說，數千年來傳衍嬗變，或隱或現，全賴一二有心人為之繼續維繫，賴以不絕，其中確有學術上研究之價值，非徒癡人說夢，荒誕不經之謂也。其所以至今不能在科學中成立一種地位者，實有數因。蓋古代士大夫階級目醫卜星相為九流之學，多恥道之；而發明諸大師又故為恫恍迷離之辭，以待後人探索；間有一二賢者有所發明，亦秘莫如深，既恐洩天地之秘，復恐譏為旁門左道，始終不肯公開研究，成立一有系統說明之書籍，貽之後世。故居今日而欲研究此種學術，實一極困難之事。」（民國徐樂吾《子平真詮評註》，方重審序）

現存的術數古籍，除極少數是唐、宋、元的版本外，絕大多數是明、清兩代的版本。其內容也主要是明、清兩代流行的術數，唐宋或以前的術數及其書籍，大部分均已失傳，只能從史料記載、出土文獻、敦煌遺書中稍窺一鱗半爪。

術數版本

坊間術數古籍版本，大多是晚清書坊之翻刻本及民國書賈之重排本，其中豕亥魚魯，或任意增刪，往往文意全非，以至不能卒讀。現今不論是術數愛好者，還是民俗、史學、社會、文化、版本等學術研究者，要想得一常見術數書籍的善本、原版，已經非常困難，更遑論如稿本、鈔本、孤本等珍稀版本。在文獻不足及缺乏善本的情況下，要想對術數的源流、理法、及其影響，作全面深入的研究，幾不可能。

有見及此，本叢刊編校小組經多年努力及多方協助，在海內外搜羅了二十世紀六十年代以前漢文為主的術數類善本、珍本、鈔本、孤本、稿本、批校本等數百種，精選出其中最佳版本，分別輯入兩個系列：

一、心一堂術數古籍珍本叢刊
二、心一堂術數古籍整理叢刊

前者以最新數碼（數位）技術清理、修復珍本原本的版面，更正明顯的錯訛，部分善本更以原色彩色精印，務求更勝原本。并以每百多種珍本、一百二十冊為一輯，分輯出版，以饗讀者。

後者延請、稿約有關專家、學者，以善本、珍本等作底本，參以其他版本，古籍進行審定、校勘、注釋，務求打造一最善版本，方便現代人閱讀、理解、研究等之用。

限於編校小組的水平，版本選擇及考證、文字修正、提要內容等方面，恐有疏漏及舛誤之處，懇請方家不吝指正。

心一堂術數古籍 珍本 叢刊編校小組
二零零九年七月序
二零一四年九月第三次修訂

三元九運篇 粵江柯學照遠峯著

後學李紫珊珊正

陰陽篇

乾巽艮坤屬陽

甲庚丙壬屬陽　　配子午邜酉屬陰

寅申巳亥屬陽　　配辰戌丑未屬陰

　　　　　　　　配乙辛丁癸屬陰

陽用順行　陰用逆行　運星八中　飛佈八門　先飛到山

後看向星　逢五陰陽　山向推詳　本運星到　令星最良

陽用順行在山向上輪著陽星用順行也陰用逆行輪著陰

星用逆行也假令康熙二十三年甲子交一運子山午向以

運星一白入中六白在子山子午邜酉與乾巽艮坤相配則

六卽乾也乾屬陽陰用順行再以六白入中則一白到午爲運

星又以一白入中五黃到午五無方可定以山向推詳午向

屬陰當用逆行再以五黃八中則一白亦到午為當元之星

所謂令星也今山向之令星俱到向為得運為當旺如人之

得時運其事通可知也餘倣此推

再提九運　即是挨星　順挨出乾

逆挨出巽　舊法似煩

槪歸乾行　口分順逆　不錯分文

三元九運之挨星舊法順挨出乾逆挨出巽而口中統歸順

說不善挨者未免嫌煩乃槪歸出乾輪之於口中分順逆與

舊法絲毫不錯故改之以便後學者

運用篇

始以運星入中輪再逢運到是令星令星所泚為得運此是合

時旺氣臨山星到山向歸向兩頭運至最通亨或俱到山或併

向山管人丁向祿評

山星到山向歸向者如順治元年交八運卽崇禎十八年甲

申也丑山未向以八白入中二黑到丑辰戌丑未與甲庚丙

壬相配二卽是未屬陰以二黑再入中逆行則八白到丑為

令星到山又以八白入中則五黃到未五無方位以山向定

之未向屬陰將五入中逆行到未為八白星是向之令星到

向為兩頭到是得運之最亨者丁財俱有也

若令星俱到山如康熙三年甲辰交九運亥山巳向以九紫

入中則一白到亥寅申巳亥配乙辛丁癸則一是癸屬陰逆

行一白入中到亥卽是九紫則山之令星到山也又以九入

中則八白到巳八即是寅屬陽順行則九紫又到亥是向之

令星亦到山也山向二令星俱在山山管人丁也主吉

令星併於向者如一運癸山丁向以一八中則六到癸六即

是亥屬陽順行則山之一白到丁也又以一入中飛到丁是

五五無方位以向首定之丁屬陰將五入中逆行則向之一

白亦到丁是山向之二令星俱在向向管財祿也他皆倣此

推之

樞

按運中令星到山向當更合生尅方為全吉也

山星到向向到山失運退氣無令星令星到時宜砂水若無砂

水決無靈

山上之星到向向上之星到山為兩頭不到此失運退氣不

可用也如三運之庚山甲向以三碧入中宮輪到庚是五黃
五無方位以山首陰陽定之庚屬陽將五入中順行則三碧
到甲是山之令星到向也又以三碧入中輪到甲是一白一
昴壬屬陽順行到庚是向之令星到山也為反吟為兩頭不
到為失運退氣昴謂之無令星可也
令星到處須要見砂水若無砂水有運與無運同也如二運
之子山午向須壬子癸方有砂水乃佳餘倣此推
令星到山或在向最怕尅我殺星臨然恩星高大亦可救旺星
財星喜其呈砂占山而水看向龍強須以靜盤論
尅我之星如三運之子山午向以三碧入中宮輪之則八白
到子八是艮屬陽順行則三碧到午為令星巽方有砂為七

赤為殺星大凶若兌方有高砂為恩星能化殺可救矣乾方

九紫能制殺若有高砂亦不妨也

又如二運之壬山丙向以二黑入中七赤到壬七即是庚屬

陽當順行則二黑令星到丙此之謂山上令星論砂者也仍

以二入中到丙是六六即是戌屬陰逆行而二黑令星亦到

丙此向上令星也論水當用向星則一白到坎為財星八白

到震為旺星九紫到坤為恩星凡此諸方有水皆吉惟兌艮

二方不宜見水以四綠到兌三碧到艮也餘倣此推

若龍來強盛兼看靜盤以其為母星也如四綠運以四入中

則六白在兌七赤在艮在運內兌艮方有砂水及來龍為殺

星所在不不可用也然此法不甚重要古雖有龍強須用之說

然太版實不靈存而不論可也在疊論生尅中不妨用之樞

按今人論砂水多用此法喜其簡易也在蔣氏時原不甚重

之何今人反重視之也

將來來者爲生星已過時者爲廢星然廢星有吉生有凶切莫

亂用損精神砂水蒹收一六八四九相遇亦堪尅

經云將來者生當元者旺已去者廢去夊死亡爲其星將來

已有生氣也故吉如動盤上在三運見四綠四運見五黃五

運見六白皆吉然九運見一白一運見二黑皆尅運者不可

用也如九運逢八白一運逢九紫二運逢一白四運逢三碧

皆爲廢星然四見三爲旺一見九爲財皆非凶星也用者須

活潑潑地不可膠柱鼓瑟也

武曲皆可收水也餘多倣此推之

按蔣派用局內九星法雖是廉貞卦然與葉九升氏用法

有殊愚謂當以葉氏法爲準兼玄平陽全書十二卷可也

山星向星相比視山爲內兮向外評生入尅八進神吉生出尅

出退神傾比和雖言無吉凶然爲旺氣自安平

山之九星爲內向之九星爲外二者相較以看生尅如三運

辛山乙向以三入中到辛是五辛屬陰以五八中逆行輪到

辛山爲三碧運星再飛到向爲七赤仍以三入中輪到向是

一白一卽是癸屬陰亦逆行飛到辛山爲八白飛到乙向爲

三碧令星山之三碧尅八白向之六赤尅三碧是山向俱犯

尅出有運與無運等也

又如四運庚山甲向以四入中到山是六六即是戌屬陰逆
行到庚山是四綠甲向是八白又以四入中輪到向是二二
即是未屬陰逆行到庚山是九紫到甲向是四綠令星此山
上之四綠生九紫為生出向上之八白受四綠之尅為尅入
是向上得水則吉而山上不宜有也甲山庚向亦同此推
又如四運艮山坤向以四入中到艮是七七即酉屬陰逆行
到艮山是四為令星到坤向是一仍以四入中輪到坤是一
一即是子屬陰逆行飛到坐山是七再到向是四為令星此
山上之四綠受七赤尅為尅入向上之一白生四綠為生出
宜山上見水向上不宜有也
又如二運丑山未向以二入中到山是五從山為陰逆行再

身

李書

紫白法以一白六白四綠八白九紫等為吉星但非尅運砂

水皆可採用收之皆能召吉也

砂水須在卦內吉出卦即非吉祥徵龍之卦氣亦宜淨然有出

卦凶無憑卦外兼得貪巨武出卦亦如不出情旁卦兼收輔弼

星直達補救可安寧

砂水龍俱宜在一卦出入為卦氣清淨大吉若出卦則卦爻

雜亂異姓同居安能召福一卦者如壬子癸為坎卦未坤申

為坤卦之類是也不兼旁卦為清淨然有兼旁卦而亦吉者

所謂兼得貪巨成五吉即直達補救之法也又曰兼貪兼輔

出而不出之妙用者此也

如坤局丑山未向向上有未丁水在二運以二黑入中則五

黄到丑五從山為陰逆行則二黑到丑為山之令星到山又

以二黑入中則八白到未八即是丑屬陰逆行則二黑到未

為向之令星到也為運星兩頭到最吉然未兼丁嫌出卦又

嫌四綠在離殊不知局是坤局即以坤宮起廉貞輪到離是

貪狼吉星也

又如乾局亥山巳向向上見巳丙水在四運以四綠入中宮

到乾是五黄五從山為陽順行則六白到乾四綠到巽是山

之令星到向也又以四入中到巽是三碧三即是乙屬陰逆

行到向亦是四綠是向之令星與山之令星同到向也但嫌

丙水出卦殊不知乾局從乾起廉貞至離為武曲吉星也

又如巽局巳山亥向見百辛水為貪狼邓水為巨門艮水為

（中缝）心一堂術數古籍珍本叢刊 堪輿類 無常派玄空珍秘

到山是二黑令星輪到向是八白仍以二入中到向是八白
八卽是丑屬陰逆行出乾飛到山為五黃到向為二黑令星
是山見二五向見八二俱為此和平安可卜也
又如五運子山午向以五八入中則一白在子山一卽子屬陰
逆行則五黃令星到山在午向為六白仍以五八中到午向
是九紫卽午亦逆行到向為五黃令星飛到山為四綠於
是山上四加五為尅八向上五加六為生入前後見砂水皆
大吉也九運皆倣此推之

挨星五鬼卦篇

挨星定局法

辰巽巳水為乾局

丙午丁水為坎局　未坤申水為艮局

庚酉辛水為震局　戌乾亥水為巽局　壬子癸水為離局

丑艮寅水為坤局　甲卯乙水為兌局

番　兌震　　　從局宮起

卦　坤坎　　　中起中止

掌　巽艮　　　邊起邊止

訣　離乾　　　上起下落

　　　　　　　下起上落

一如翻輔星卦法但次序不同而用法亦異昔蔣大鴻氏以

此法合三元紫白用之托為無極子傳其實亦無甚巧妙不

果新人耳目耳

口訣曰

廉武破輔貪巨祿文。位位起廉貞貪狼依次行立向不出貪巨

武。收水陰陽宜淨衛。亦如九運合時用。常將納甲化裁成。

五鬼卦以廉武破輔貪巨祿文為次序每從局起廉貞如丙

午丁水為坎一局即從坎起廉貞坤為武曲震為破軍兌為

輔弼乾為貪狼離為巨門艮為祿存巽為文曲是也舉此一

武餘多倣此推之

凡五鬼卦以廉貞易輔弼從局起不從向起餘如輔星布法

也廉貞即五鬼故名五鬼卦常將廉貞起故曰位位起廉貞

姜汝皋曰此挨星法暗合元運趨吉召福百試而不差為楊

公千古不傳之秘訣也

　按柯氏云五鬼卦須合全局一卦而用之不必如世俗分

淨陰淨陽用反屬多事也如五鬼方之砂水見之甚凶豈可

用也故坎局在一運反不可見坎水坤局在二運不可見坤
水震局在三運不可見震水以五鬼在也餘局傚此葉九升
曰凡定局只用八卦不分二十四山至立向收水仍要分二
十四山如丙向丙水吉凶從艮斷不從離斷也又曰向宜立
三吉向餘不可用如坎局以坤乙為武曲向乾甲為貪狼向
離壬寅戌為巨門向求水亦以此七位為吉據此二說以葉
氏為優蓋向之配水總不宜背淨陰淨陽背之必凶
　　按喬巷上有地師喬敦行者自葬其祖父之地壬子癸水
如半月形坤申方有小墩面前大路橫攔自申至艮立丁向
兼午葬後十數年於壬子年連傷三人丙辰年長子死自己
亦亡平生不信淨陰陽其得效乃有如是者非所謂殺人一

萬自損三千也耶

五鬼卦斷驗法

廉貞屬火是爐星火盜官非退田逄武曲田園財帛吉金星富

貪總皆成破軍金星性兇暴非橫徒流軍盜生輔弼為福亦為

災屬土當作凶星推貪狼召福是木星三多吉慶逞懷裁巨門

土宿發財帛出人厚重休疑猜祿存土逢出孤寡離鄉背井苦

伶仃文曲水星主蕩敗貪淫賭博退田頻吉神合運更加福凶

星合運更無情

葉九升云平洋理氣不出九宮八山兩家八山以本局卦起

廉貞以貪巨武三吉方為吉九宮以本局星入中飛布八方

以生氣方旺氣方為吉兩家之定局同辨卦同但其推八方

之凶吉則不能盡同抑知地運有興衰得運者興失運者退
非九宮則無以知之也方位有純駁陰陽相見則吉相乖則
凶非八方則無以辨之也又曰五鬼卦于陰陽純淨中有廉
貞駁雜處有輔星純處不能全吉駁處不皆盡凶陰陽相根
禍福相伏極則必變所謂天道之妙也
又曰凡登穴塲既定穴道須審水從何方發源到堂何方出
口若合水局以水局收之合金局以金局收之合火局木局
以火局木局收之所謂認水立向者此也假如水自巽巳上
來轉庚酉方出丑艮此金局水城也若立巽巳向則旺丁立
庚酉向則人財兩旺立癸丑向左右兜抱不至流神直去亦
發旺丁財蓋生旺水必由穴前過也 楷 挨據此說則徹瑩僧

三合法九升氏亦早以明之矣長生水法内却不明載何也

九宮紫白篇

大運

康熙二十三年甲子　　　七運

乾隆九年甲子　　　　　八運

嘉慶九年甲子　　　　　九運

同治三年甲子　　　　　一運

民國十三年甲子　　　　二運

小運

道光四年甲申八運　　　道光廿四年甲辰九運

同治三年甲子一運　　　光緒十年甲申　二運

光緒三十年甲辰三運　　民國十三年甲子四運

凡年星以甲年起首星為主每年遞退一位飛布八方以占
吉凶與坐宮星合而斷之如同治三年甲子起一白即將一
白入中飛布八方乙丑年九紫入中丙寅年八白入中丁卯
年七赤入中戊辰年六白入中己巳年五黃入中庚午年四
綠入中辛未年三碧入中壬申年二黑入中癸酉年一白入

中至甲戌年則九紫入中宮矣乙亥年仍以八白入中宮如

前逆退週而復始餘倣此推

坐宮九星

以貼近之水作局無水以路作局見砂以砂

為局所謂局向高處定也倘逢二水或二路無遠近則作兼局

以中宮為局三面有水亦可如中宮法算也假如壬子癸方有

一遠一近以近者為局一大一小以大者為局四圍有水或路

水或路即作九紫局戌乾亥水或路即作巽四局局定然後將

其星入中宮飛布八方以斷吉凶

壬子癸水路為九局九紫入中宮甲卯乙水路為七局七赤入

中宮丙午丁水路為一局一白入中宮庚酉辛水路為三局三

碧入中宮。戌乾亥水為四局四綠入中宮。丑艮寅水為二局二

黑入中宮。辰巽巳水為六局六白入中宮。未坤申水為八局八

白入中宮。

其法假如壬子癸有水路為九局若折角更有丑艮寅水路

逼近即作九二兼局有丙午丁水即作坎離兼局若四圍有

水不甚遠近即作五局以五黃入中宮飛佈八方以定吉凶

有三面水路亦可如此說但有一字逼近即可作局如見丑

水即作二局見酉水即作三局見丙水即作一局勿拘執也

月紫白九星

子午卯酉年正月起八白、　　寅申巳亥年正月起二黑

辰戌丑未年正月起五黃

其法如今年戊辰年正月五黃八中宮二月四綠入中宮三
月三碧入中宮四月二黑入中宮五月一白入中宮餘多倣
此每一月逆退一位將中宮星飛佈八方合坐宮九星斷吉
凶亦如年星而效用更速也
大月建一名逆小兇煞卽月紫白九星之底星也如辰戌丑
未年正月起五黃五黃入中則大月建亦在中宮二月四綠
入中宮則大月建在巽三月三碧入中宮則大月建在震是
九星之底也餘多倣此推之
附值年紫白提訣
上元甲子起一白　甲戌逢之九紫逆　再到甲申用八白
甲午七赤換星列　甲辰六白逆行來　甲寅五黃向前出

中元四綠亦如然　甲戌三碧甲申黑　下元七赤亦同輪

甲戌六白為一律　每期十年退一星　昂是九宮飛布術

值日紫白訣

冬至後用一七四順行

雨水至清明用七　穀雨至芒種用四　冬至至立春用一

訣曰冬至後逢甲子一甲戌二甲申三甲午四甲辰五甲寅

六雨水後逢甲子七甲戌八甲申九甲午一甲辰二甲寅三

穀雨後逢甲子四甲戌五甲申六甲午七甲辰八甲寅九俱

入中宮順飛八方　以上俱用順行為序

夏至後用九三六逆行　夏至至立秋用九

處暑至寒露用三　霜降至大雪用六

訣曰夏至後逢甲子九甲戌八甲申七甲午六甲辰五甲寅

四處暑後逢甲子三甲戌二甲申一甲午九甲辰八甲寅七

霜降後逢甲子六甲戌五甲申四甲午三甲辰二甲寅一俱

入中宮順飛八方　以上俱用逆行為序

假令乙卯歲十一月十七冬至係戊子日滛甲申旬甲申起

三碧用排山掌（即野馬跳澗法）在震三宮起甲申旬甲申滛兌

七宮知冬至戊子日是七赤入中宮也十八日起八白十九

日起九紫逐日順行便知某日是某星入中宮也餘倣此推

假令丙辰歲五月念二夏至係庚寅日滛甲申旬甲申起七

赤在兌七宮起甲申逆輪則庚寅滛坎一宮知夏至庚寅日

是一白入中宮也念三起九紫念四日起八白念五日起七

赤逐日逆行便知某日是某星入中宮也餘倣此推

值時紫白訣

冬至屬陽　夏至屬陰　冬至後子午邜酉日子時起一白辰

戌丑未日子時起四綠寅申巳亥日子時起七赤順行求值時

星

夏至後子午邜酉日子時起九紫辰戌丑未日子時起六白寅

申巳亥日子時起三碧逆行尋值時星入中順飛八方

以上年月日時但得紫白生氣便為大利又曰先以三元主

運加之定二十年之吉凶再以逐年逐月之星加之則吉凶

之期可決矣

審局法

凡審局以水為憑如陸地無水處只以行路定局地與水在二
十步內者以水路定局二十步外者以坐山作局若兩水並近
以最貼近之水作局大路亦然古人言五步內局為君山為臣
五步外山為君局為臣此以最貼近言也然亦不必如是拘執
可用二十步為限也

目講師云有龍莫問局立向與山同避殺就生位五凶不是凶
三白真吉地退死亦為功一片模糊境真龍莫問蹤　　按在山
以貼近之高峰作局如酉峰作兌局戌峰作乾局之類是也貼
近如無特拔之峰則取來龍為局然雖有山峰入首有龍脊高
起當以落脈認局如在平洋有龍入首結局送龍水護局成龍
虎亦當以龍作局所謂有龍莫問局者言不可拘執也仍當以

淨陰淨陽規其制度所謂官旺貴人位納甲莫相忘二句亦目
是也如平洋弔角式及飛邊地每多有氣無龍卽有龍過亦不
束咽則弔角當以合水為局飛邊當認橫過水為局所謂一片
模糊境真龍莫問蹤也

若論地局以合運為吉失運為凶然亦不可拘執如上元六十
年雖以一二三之本運各管二十年在一運固以坎局地為得
運為當旺然震巽二局水所生也不可謂之無氣在二運則艮
局地為旺氣乾兑局地為生氣三運則巽地為旺氣離地為生
氣四運則三局地雖去然亦未必不為旺氣世師每以失運為
言亦何不思之甚也不特此也上元一白統管六十年故坎局
地在六十年內不可嫌為無氣若無龍氣之地乃可以二十年

為限耳此理尤須知也

葉九升曰玉鏡註文止言小運以平洋地輕不得大運故僅以

小運言也然平洋亦有大幹結作力大氣厚者還當以大運推

其興廢小運以二十年易一星入中大運則以六十年易一星

入中今康熙二十三年甲子係大運第七甲子七赤入中管事

係小運第一甲子一白入中管事論地者當看其局之大小厚

薄而用其星入中推斷八局之旺衰八方水路之凶吉可也

定局後方隅吉凶

地局既定屬何卦相比之星旺氣佳生我之神為生氣我尅財

星亦稱懷我若生他為退氣尅我殺星最不諧

地局既定便以其星入中順飛八方以視生尅之吉凶如戍

乾亥方有橫水便是巽四局以四綠入中順飛則三碧在巽

為旺氣一白在坤為生氣五黃在乾八白在離二黑在震俱

為財星凡此等方有水縈繞靜聚及砂擁簇並為吉利其六

白在兌七赤在艮為殺星所在方九紫在離為退氣方有水

繞砂擁並主不吉餘局倣此推之

生氣原主發官祿旺氣榮盛不須疑財星發富莫嫌死退氣耗

貴非生思殺星彰露凶難拒水去何妨吉可知

凡生旺方須水潮砂擁財星方須要高昂聚蓄退殺方雖凶

然有水去反吉謂之出殺不為嫌也

昔人以財星為死氣退神為生氣者此占運星則可地局則

不以為嫌也

三白從來是善曜尉為退氣亦吉星若得作財為魁星有峰英

傑大聰明惟作殺氣為不吉機巧變詐毒惡深

三白一白六白八白也為善曜大能化凶為吉雖為退氣亦

作吉論如火局見八白土局見六白金局見一白為子孫能

制殺氣也若得作財為魁星此方有高峰主出英傑聰明孝

義之人惟作殺氣則不吉主出機巧詐偽惡毒凶頑刑天之

人

四綠尉是文昌星寺觀鐘樓高峰尊若見昂砂及井塘文才出

眾受皇恩更得一白並駕馳其家發貴定非輕

四綠為文昌星一白為官貴星二星有一昂吉況並駕而起

乎凡四綠一白方有鐘樓寺觀高峰大墩及三义水井塘池

等主出文才出眾叩受皇恩之人若不合淨陰淨陽亦可出

文人秀士但為鰥寡孤獨壽夭之輩如安鎮虞文元祖地子

山午向癸峰聳拔尖秀以坎局論癸峰為一白文元中秀才

其長子復中貢元早卒三子為馮玉祥部下陸軍少將是皆

一白之應也但撥砂法癸為洩氣家貧無貲產但有空勢力

災手可熱耳

又見王姓地子山午向前有大溝橫攔為坎一局左有丑艮

砂右有坤申砂長房自幼善讀書及長頗有文名然患血證

妻先死不數年亦亡二房種田為業生二子家頗饒裕長子

知書能文亦早亡可見文昌星高故善讀書然不合淨陰陽

故早亡須合一而斷方為熨貼也

局中最忌五黃星關位如同殺氣臨尅他為財猶稍可砂聳水

射禍來侵七九三二為尅洩年星加之禍必深

局中五黃星為關方與殺氣之凶同然局中尅他為財猶可

稍減若其方砂聳水射必不免於凶矣

七赤為先天火數九紫為後天火星三碧為螢尤星二黑為

病符星若為局之殺氣退氣者年星及月星加之必有禍出

此坐宮星為諸星之根本故也

局宮廢興

當元之局為旺氣地在旺運最亨通受運所生為生氣相比亦

與旺時同局生元運為退氣尅運死氣莫相逢受運尅者為殺

氣不惟不與莖反凶

當元如上元一運二十年一白管事坎一局為當元二運二
十年二黑管事坤二局為當元是也受運所生如一運之震
三巽四二局是也相比如二黑運之艮八坤二二局是也局
生元運為退氣如中元四綠運屬木坎一局屬水為退氣也
兌七乾六二局尅運為死氣也坤二艮八二局受運尅為殺
氣也餘倣此推

地以局運為最重山向之運乃為輕其次有力莫如龍得
運亦有情

地之得運以局運為最重最有力其次莫如龍龍得運則氣
旺而力厚亦佳山向得運為力則輕非局運之所可比也
救星如離九局在四運八九二方有三義水及高墩大屋為

救星高亦最得力然惟生局方有之也張九儀云龍有龍運局有局運山有山運向有向運砂有砂運水有水運但其言引而不發至此時始和盤拓出矣

年月星加方吉凶

先定局旺與生情次看加臨年月星生氣加生為益善殺入生方救可平殺氣尅方百不利殺加關位禍尤橫方若尅殺為禍淺不尅其方即不傾

此年月星會方星看吉凶法也先定局之生旺次看加臨之星以定吉凶如一運坎局七赤加坤以坤為生氣上元甲子二十年又得七赤生氣加坤年月上更得六白七赤加之玄空秘吉所謂位位生來連添喜氣是蓋其善也如坎局以二

八五等星為殺氣上元二十年六白在坎七赤在坤皆生氣
也乙丑年五黃到坎三月八白到坎六月五黃又到坎是殺
氣入生方也主遇災得救可化凶為吉且上生下也又如兌
方有三碧於甲子年一白入中三碧到兌七月二黑入中八
月一白入中遇四綠三碧到兌為連脫必致耗貲也然下尅
上無大禍又如三運離局局之一白在乾乙丑年六月一白
又到乾是方生其星尅局也較方尅星為凶又如八運七局
局中九紫在兌乙丑年九紫亦在兌八月九紫又到兌運中
一白激動其火星尅局凶禍難免且恐傷人也是月丁獨火
又在兌所謂重重尅入立見死亡是也殺氣尅方百不利亦
此也

令

已

所謂殺加關位者尅局之殺加五黃也五黃為關方已屬凶

矣更得殺氣加之為禍尤烈也如四運巽局五黃在乾為關

方辛未年六白入中宮則七赤到乾九月七赤又到乾十月

六白到乾皆殺加關位也層層尅局凶可知矣

方尅殺易解茲不再贅

九紫不尅作吉星喜氣臨門吉慶成更參三合淨陰陽乘得龍

氣富貴生單用紫白凶吉半有禍無福勿專評許盡諸家用此

法害人家敗絕兇孫

九紫但不尅局亦作吉星論生局或為財星主喜氣臨門旺

財發丁也

將此紫白法更合得三合長生淨陰淨陽穴內乘得龍氣是

然發福如單用此法必致發凶禍勿專評此法好也如蔣大
鴻氏專恃此法盡鬪諸家法為偽人騶間之不覺喜其新奇
視為獨擅之祕不知其乃攫貨之計耳若偏用之害人敗家
絕嗣可勝浩歎哉

附葬

葬法點穴舊已定忽欲附葬昭穆齊移宮換宿法至危稍一失
著分高低一要納甲無破敗二要乘氣有所稽名雖為祔實正

扦識差踏躓墮深溪

點穴之道真穴止能容一棺若非太極但乘其氣庶可容兩
棺欲附昭穆實非地之所宜然貧家艱於買地舊穴已葬或
稍得龍氣或恰合砂水今欲附葬者一要與主穴之墩合納

令文

三巳

甲之陰陽二要接得著餘氣更外合砂水之純粹始為無咎

實與正扦同也歸厚錄云消納之法氣口為玄方分納甲九

星訣權又曰貧賤權宜昭穆分立移宮換宿至危之術未覩

精微鮮不蹭蹬又曰咫尺萬里立辨死生局運星符與正同

情在蔣氏尚如此審慎何令人反置而不講耶

楷讀歸厚錄知蔣大鴻氏亦用納甲淨陰陽法但所據挨星

是五鬼卦對宮起貪二派耳並非後世謬傳之蔣法也

駁目講師平洋訣　　　　　　　涇縣郭芷祥著

目講師平洋訣世人皆奉為圭臬執之甚力然其語句多有辭

不達意令人誤解以累人者如曰江湖河海號平洋風水真傳

列有行違風違水真色也風吹水散壽丁長夫曰避風違水真

絕地是言地上之陽風不當避好水在前不當避可耳若地下
之陰風凹缺之岡風低處之坑風形惡之劫水衝射之劫水豈
宜不避乎且避水亦有不絕者反以避為吉也如錫之坊前有
一田田邊一池圓淨以盤格之為巽巳水既不能立巽向立巳
向又全無意味被本處地師倪姓者為立郊向本無子葬下至
五年歲在癸巳得一子家計驟亨今且稱小康矣是避水亦未
必皆絕也

又曰平洋低處要尋低坐基低下有盈餘基若高時窮到底天
然制定不差移此語亦多弊病若曰低處尋低是在低窪積水
之處矣安得有氣基若高時窮到底此語未嘗不是然但可以
該尋常之地格非所以語乎變也

又曰穴前向高進金銀穴後地高主絕人坟前地低家資索坟
後地低壽百春夫平洋之局固是喜穴前向高忌低若坟後地
低是地形之起伏活動處然穴後地高未必絕人屢試不驗不
足據也薰有似乎驗者亦陰陽之駁雜耳曾見余許野張姓祖
地癸山丁向丑艮方有圓墩後有豎頭低平之岡高過穴尺餘
其墩勢頗親於坐山坟之左右俱低此家惟二房有丁財三長
俱絕不惟後高絕人不驗即左右宜低之理亦不準也又有周
姓地穴後地高而滿離三四丈後有古塚三恰當壬子癸方立
子山午向乙辰方有池水一泓如鏡左右俱低曠無遮共五房
人蓺後四房先發二房後五六年又發貲財人口為村推獨步
可憐長三五房俱絕矣存此二說餘可類推

又曰穴傍左右護砂多壅後兒孫漸消磨坟右兩邊低兒
孫一舉便登科又曰平洋坟右坟左坟右兩邊低兒
平洋左右高壓穴兒後高壓塚各房退敗人絕種又曰
高敗絕低富饒又曰平洋穴兒兩房人必絕又曰平洋邊低一邊高逢
平洋左右兩邊低兒後一尺低個個兒孫會讀書又曰
而不宜高也與地理眼左右兩個做尚書是皆言在穴後左右宜低
不通風房房絕左不通風長房絕右不通風小房絕後
覆地則不然雖在平洋果真結地不拘前後左右必有陰砂
包護必不受風吹然有本身包護有外砂衛護若見本身包護
者其局必緊穴內氣煖而易發凡後龍起脊高露入首束咽清
楚其水必從束咽處起左右回抱圍戎形局或圍一面如鈎其

結地之外田必高過穴處一二尺或尺許然有鉤轉如臂護其
一面即倚之點穴而水外之地却高如本身者此名邊寬邊緊
發亦至速亦有龍行數十里漸起漸伏伏而又起至此忽成緊
窄小局如仰掌或如反掌本身之砂包護前面更鉤轉作案地
大祇五六丈及十數丈而堂局護衛照應俱備此最速發之局
豈可指為塋後兇孫漸消磨之地耶至於穴後左右高壓未必
皆絕且有發丁財貴顯者如黃四房黃增源祖地三房人辛山
乙向穴後戌乾水靜聚亥龍壬子癸有高砂坤申午亦有高砂
俱於穴外緊夾羅城所謂左右不通風也三房俱為溫飽之家
惟二房業屠而尤富此亥龍戌乾水之故也後長房聽外來地
師以不通風為嫌鋤去壬子癸砂遂傷龍氣一子一女俱死別

四二

房似無恙也又如周家巷周閭芳祖地亥龍丙向羅城外庚酉
辛砂圓如雞卵高過穴三尺許丑艮方有方墩如卯高過穴尺
許長房生二子家小康次房一子發巨富近年百砂被別家鋤
低二尺次房遂衰落矣又有吾鄉顧姓地壬龍丙向無水左右
田俱皆此穴高尺許右護縮短左田鉤轉有情左田邊有小墩
在邪圓而頂尖右護係低岡其上生一大墩在庚酉辛而墩尖
正在百長房發一秀才稍清貧小房發一孝廉巨富則左右高
壓之說何其無驗耶豈目講師當時因出於臆想而成也耶師
又云穴後右邊高又高二房貧苦天難熬穴右田塍三尺高二
房敗絶不相饒穴右田塍漸漸高二房男死寡婦號穴右土厚
高且肥二房蜈蚣塚邊啼將此說試問二十餘年竟無一驗故

敢筆之於書以告來者其所云穴後低為吉惟倒騎龍可用此法帬角式亦偶有合者也至於坆左坆右兩邊低惟平中突可用此語蓋平中突必是四圍田平如紙中間動處略高一二尺或三尺許龍之束咽水之衝穴來去陰陽俱合規矩是乃至吉之壞莫因其四畔低而棄之也若如目講師所云穴左三尺四尺低長房個個做尚書穴左田塍漸漸低長房富貴管三妻等語如左右俱低外無救砂者塟之必主敗絕慎不可聽也又曰時師不識平洋訣坐低向高為真穴丁財兩旺壽康寧秘傳切勿與人說此為倒騎龍穴言也他格恐未必合此又曰平洋明堂高又高金銀積庫米陳嚴此昂地之倉板格也又曰平洋明堂低又低萬兩黃金也化灰此昂地之捲簾格也

又曰平洋明堂低外高長次兩房足富饒此低而有案橫攔故

吉張九儀琢玉斧增註有此格可取而閱也

又曰平洋如掌心各家巨富斗量金此語確有靈驗然二房最

好他房恐未必好也

以上五條其理皆適當可從葉九升云凡後龍起脊高露者其

氣屬陰前宜開窩出陽為佳塋宜高處點穴不可扦於低下之

處不如法則主絕丁芳 按平洋後龍起脊者多有扛夾護砂衛

身作結雖此本身略高數尺自然賓主相稱首尾呼應而結美

地也又平洋立地非倒騎龍面前不能必高然非吐出長大茵

褥者不能見前低也要當以向前與本身平稱為吉耳

平洋指蒙篇 郭芷祥著

山以大山為祖次於大山為少祖祖山而下為宗山宗山後近
者為父母山也平洋則以山為祖有石大墩為宗若離山已遠
則以無石大墩為祖高處布脈之地為宗其勢則異其理一也
平洋之脈亦從山來但以山起頂下者為貴龍不起頂下者為
賤龍貫頂下者亦賤龍也又中出之龍必自山半而起出山脚
下落平洋其傍必有小枝隨龍而下謂之護龍夾從兩傍作護
其從他山來橫貫如十字者為之扛夾扛夾愈多則龍力愈大
甚有小枝得扛夾之力變作大枝再夾而成幹者雖不多見亦
頗有此格也
龍之纏護非一有一峰並出三脈下山脚出平洋中出大龍為
正幹其傍兩脈卻為護龍隨侍祖宗高特者此格頗多然結於

卻不專在正幹護龍亦多能結穴但不如正幹之力大也

有二龍並出落平洋互相為纏護以結穴者在水木行龍多有

此格木星每多直行其節中擺蕩彎曲者即水木行龍也有本

龍獨出不生枝脚遇別方來龍橫貫作護以結局者有直出無

護節中自生小枝作抱衞以結局者二條惟木星行龍有之古

人言眠木蔂節立木蔂芽此不生小枝而成穴又一格也有枝

龍反借幹龍為護者有幹龍生短枝結局反藉木幹為護者有

枝龍纏過幹龍合幹龍互結成穴者在金水行龍有此格也金

星行龍必起圓墩結地亦成圓形其圓墩小而多者即是金水

行龍也

土星行龍每多豐厚潤大起方墩結地亦成方形自生枝脚不

借外護結大局者半以此龍也

火星行龍多斜出起尖角結穴處亦多生尖嘴其性怪僻扦之
必有禍出古人用洩鑿或可免禍也

凡山脚出脈肥厚或結咽細嫩前有大溪橫攔則穴在是矣或
下山跌斷更起星峰開顔向大山者必翻身結回龍顧祖之穴

或下山束咽順下橫起高岡攔阻溪水拱揖或背岡迸潮左右

砂回護結穴之處豐厚分合俱合規矩此初下山結大地不易
得者也更有龍初下山出脈不及半里便有高岡橫攔不見外

洋岡下生小溪或養蔭池水左右亦復衛穴非結騎龍卽是斬
關可扦也若直瀉見外洋卽無地矣

凡木星行龍有兩絡並行斜狹逕溝河浜者爲之夾水龍雖行

數十百里要伏屢起不改其形多結飛邊斬關等局惟見水龍

生之金龍制之始結正局見金龍始結者木受斷削故也又有

三条並下者即名川字龍有扛夾即名王字龍及工字龍結穴

亦如前說可類推也

又有木星連下數条名楊柳枝者遇水星行龍亦能結地古人

言龍有蛛絲馬跡草蛇灰綫蜂腰鶴膝鼠尾兔耳皆五行之變

格也

凡龍出山落平洋起即伏伏即起起則有形伏即失蹤然雖失

蹤仍有可稽之處曾公言一望平洋要必有水流不過之處即

屬龍脊亦必有高平之阜為祖宗不拘乾流濕流亦必有上分

下合之處此即伏行之陽龍也玄機云出格皮毛雖博換骨肉

無差總一般言星體之不易變尋龍看星之可稽者以此也堪
與經云枝幹者如樹之形勢也正枝是幹旁則是枝又曰幹不
起峰枝不勢大又曰有幹化枝有枝化幹又曰起峰龍欲住勢
大化為幹又曰龍雖有幹脈從枝落勢雖有止氣多旁出又曰
有幹護枝有枝護幹又曰幹龍到頭墊多貧絕尋龍篇云幹剝
嫩枝吉將在兹枝剝老幹其行尚遠水龍經云枝龍作穴須長
久幹龍氣盡不須求蓋幹龍須生枝包護而能結穴古人言好
地多從腰裏落回轉餘枝作城廓者此也若枝龍初下山其身
雖甚細屢受大龍扛夾得大龍之氣養之則化為粗大行數十
里韋藤生枝無異幹龍力量甚大是枝中之幹也若幹龍遠行
到頭雖有外護不生枝腳尭如筍與草木不榮土鬆如炭水漏

無蓄薈之必絕尋龍看幹枝之可稽者以此也龍之行也必有
起伏頓跌收放之處陰龍之行必起長岡或為高阜大墩伏處
雖為平地發現之處仍高如故若起伏踴躍不已則不能結地
至此忽轉平坦其旁砂水略有照應地即結於此矣所謂壠墓
其麓也然其過峽大小低平之狀亦不能拘但以盤格之不出
一卦之界耳陽龍之行多闊大不起岡阜即過峽處起墩多是
小墩或但為兩浜相對之小壩或河低隱伏之暗壩或田角與
田角相接戍峽或兩頭平版大田中夾小峽田微高尺許或借
大路轉角為過峽或反於池底過峽追見忽然地形突起砂水
衞拱則地在是也矣陰龍之峽多有以大壩過高阜過河邊過
水中土埂過雖有時亦平伏不見尖小易忽然總異於陽龍之

峽也且過峽未必節節見形往往一節顯形一節無形者或河

岸邊略起高嘴即是過峽或此處河底略淺亦是然追前面去

則又顯形矣凡隱峽不過兩節若追過兩節仍不見形在三節

必現矣追過三節仍不見形者不是追差而失形即是龍枝轉

小而到梢矣此失蹤之可稽者賴有此也

凡龍之行度前過峽與後過峽每相對不甚差錯即龍身過大

亦不能出一卦所謂一卦者盤上之三字耳非拘拘於一卦之

位也雖水星行龍紆曲甚巨如蛇如龍如藤之盤如水之縈然

必還歸原位而過峽不出一卦之限此其所以可稽也若枝龍

不過一二字位耳

識龍之中當須識氣龍則骨也氣猶肉也雖古人有葬龍葬氣

之說然扦穴畢竟葬氣為多視氣尤難於看龍當世所謂明師

不過識龍而已未必識氣耳至有以龍霧為氣者江南人最多

尤為可笑夫認霧可識幹枝幹龍霧高大枝龍霧低小不能識

穴之所在認霧可知有龍無龍不能定龍之來去且霧之現也

不能現其全身不過曰現一二節而已霧先到之處雖輒先鳴

後到後鳴然有坑厠阻之則霧不能過反從去處倒撐入來處

此視霧之所以無徵也豈若視龍氣以形為據之有驗哉葬經

云地有吉氣土隨而起此即視氣之法也堪與經云隱微嫩活

為生氣又云星體臥於平田氣脈從乎水現脈隨水行氣隨

抱又曰氣如子水如母母去則子隨子住則母亦住又曰田龍

地脈隱而氣藏遇水則現又云脈出平洋散却蹤定須依水去

審峽未有龍真而無美峽未有峽美而不結地謝子奇云有插

浜為明峽有起伏為暗峽肝膽經云峽脈短細龍束氣陰陽分

受龍結地蓋龍落平洋散漫而行一望平坦何處有蹤可尋耶

惟從出脈處處格之向其方追去視兩浜相對處即為龍之過峽

又於此峽處格之更向其方追去半里或一里仍有兩浜相對

者此峽之明過者也若一邊止現一浜謂之單過或現一池水

或兩池水相夾謂之養蔭過此池即養蔭水也或中起一狹田

略高四畔則低或兩田尖相對略高或田之四角相對起一小

墩或一邊田高其下低處生脊或倚河邊高地而成形皆暗過

也在不結地處見之則為過峽結地處見之則為束氣過峽處

現扛夾則龍力加大有護砂衞之則結地不遠矣雪巷師云平

伏過陽峽也起脊過陰峽也山龍過峽處忌風吹水激平洋龍
之過峽處則不忌也所謂風吹水激壽丁長一句可移此過峽
處用也視過峽處必有氣從峽起不拘峽前峽後如此處成局
即為斬關地也倘過峽處不借外勢自成一局即是騎龍穴也
然氣雖從峽起者多平地從龍身行度處起者亦復有之但雖
從龍起未必與龍同行有龍南行氣反北行者龍直去氣却橫
行者然砂水就氣則當倚氣扞之就龍則當倚龍扞之總以堂
局為準不可執一也

戊久
辛巳

龍在山神下其山若近塘河者其龍則隨水而行者多不隨水

行者少也水若流南去其龍卽南行水若流北去其龍卽北行

也若東西流水其龍亦然若追龍之蹤跡而追前去乃有追後

去若無者卽是幹龍上分出來之枝龍也是枝龍也其在幹龍

水界峽上分出來者也

然龍在山初出亦有幹龍枝龍之分其勢闊大者為幹龍其形

狹小者為枝龍若在峽上生出之枝龍者卽謂分枝劈脈也若

其山近處無塘河者其龍卽不一行也

參才

李言

斬關局

斬關格者多點穴於龍過之處如官場設立關卡其龍氣必從此過不能漏走此其所以可葬也有前斬後斬中斬之別須擇堂局之可據砂水之淨粹扦之

前斬關格

前斬關者因龍過峽後頗有形勢可據砂水可倚取其動折活

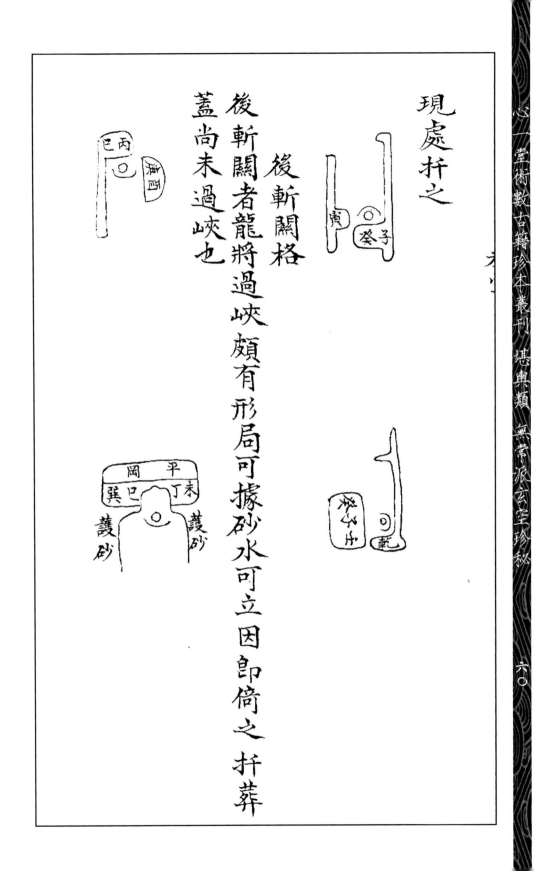

現處扦之

後斬關格

後斬關者龍將過峽頗有形局可據砂水可立因即倚之扦葬

蓋尚未過峽也

中斬關格

中斬關者前後俱有過峽中有形局可據砂水有情於窄中取寬扦之

乾戌

騎龍局

高田
平田
低田
池
高岡
平
高
田
平田

騎龍格者周圍包裹有堂局可據砂水護衛不失規矩但龍從

中一道穿過旣非正結亦非腰結亦如斬關之承接其龍氣也

但斬關有迎無送或有送無迎此則有迎有送然中斬關亦有

迎送但疎忽不稱此則緊緊包裹為異耳然有倒騎順騎橫騎

之別當因局而點穴不可一例看也

倒騎龍者龍從前來形局必前高後低當以坐空朝滿法扦之

若龍從前來雖有堂局包裹仍有送無迎卽合坐空朝滿立穴

亦是斬關格耳此式須知

順騎龍格

順騎龍者龍水俱順行堂局包裹周密有送砂為案關住內氣方可扦穴此地亦不能多得若有迎無送仍是斬關格耳非騎龍也

橫騎龍格

橫騎龍者龍縱行而局橫結也又有龍橫過立向順勢則直所
謂貼脊穴亦此意也遍觀諸邑橫騎龍格甚多而葬者蓋寡非
特具眼之師少有德之家亦鮮故也

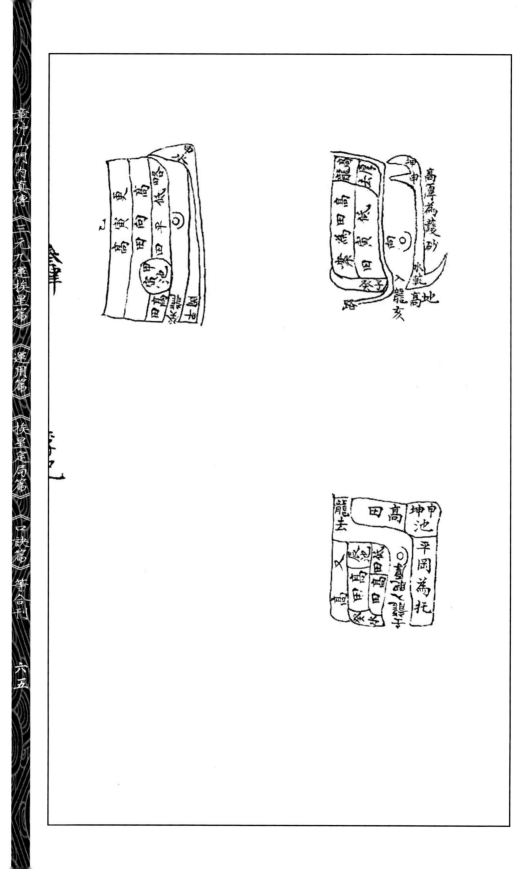

地丁人發大姓沈南　河　祖彭此繪

為貼脊穴之證

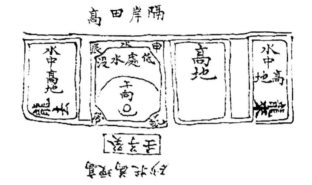

隔岸田高

飛邊局

飛邊局者龍沿水行既不束氣亦不寬蕩惟忌水外地低不忌
坐身強直大抵木星行龍多結此地蒹有水土星龍亦能結之
有坐空坐實之微別然幻形甚黟不能一例測也且飛邊多有
結於水城之背者豈常法所能識耶大抵水城有外醇內肆者
每多據背扞之又二水夾一地如帶者亦飛邊格也如藕節如
爪藤如秋葉如半月如覆舟如反掌如員擔如穿梭皆飛邊之
變格也

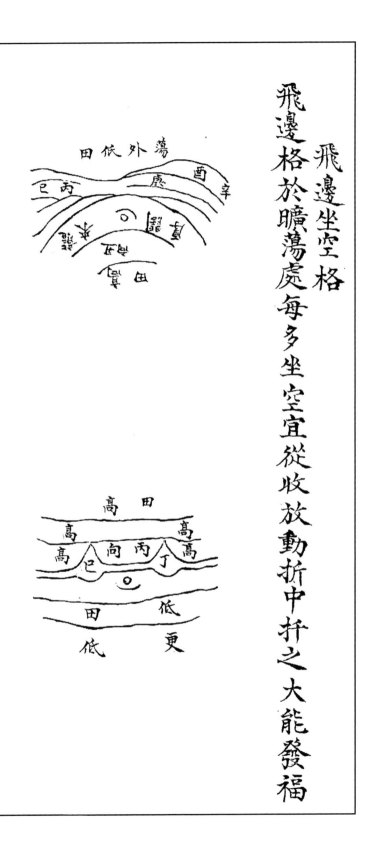

飛邊坐空格

飛邊格於曠蕩處每多坐空宜從收放動折中扦之大能發福

飛邊坐實格

飛邊有頂龍扦或橫龍貼脊扦者多以坐實為佳

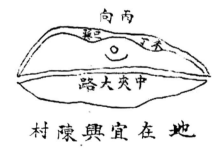

庚

此在地無錫八土橋北

丙向

壬 乙 辛

中夾大路

地在宜興陳村

平版飛邊格

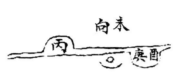

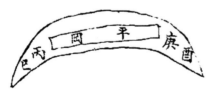

飛邊生於平版飛邊格
飛邊生於平版處者多平
均其動靜湊龍過處扦之

卷六　李記

庚　酉　辛　　　　亥

南　鎮　安　錫　無　在　地

邓

丑　艮　　　　巽

西　山　埕　在　地

辛　　向　亥
　　　　巳

外　門　西　熟　常　在　地

飛邊葬河面格

飛邊葬河面者雖地局緊窄不害其吉酌宜淨粹扦之

面前見水即為無地

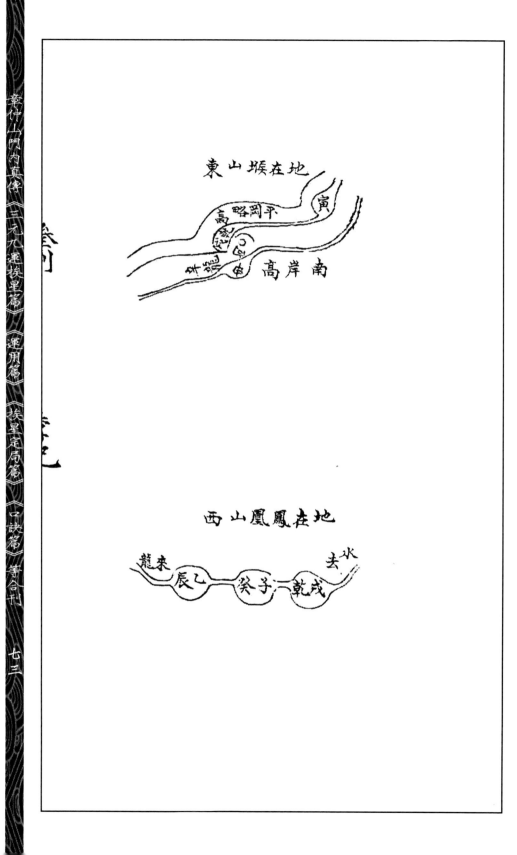

飛邊葬河背格

飛邊葬河背者必是在河背上見砂明水秀龍氣生動入於河
面水城內望之卻索然無味或水本反砂本飛立河背上望之
不惟不見砂飛水反反覺有情拱抱是皆可葬之地也葬之大
能召福可富可貴古人能立此等穴者誇為道眼雖未可稱為
怪穴然俗人見之生嫌未免謗之多而用之少反不如一無所
知之地師但知年通月利卻有誤葬之暗合其格而發福者非
地主之德厚所致者耶

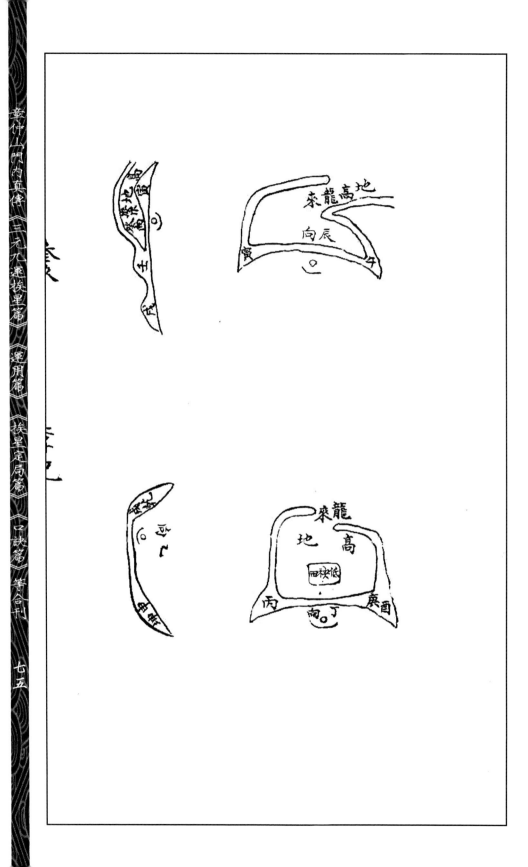

吊角局

葉九升云平洋之結有田畔無水皆平坂而無峽者必飛邊或
吊角而結地飛邊者必是平鋪之脈身上不帶微水而來直撞
至水邊暑開堂局者即結或橫開堂局者亦結吊角者因龍身
無鶴膝蜂腰之狀蕭之雄奔厚重鋒芒盡斂直到角處微露精
華而結地

蔣按吊角格有無束氣有束氣半面全身之殊外面多有護砂
而龍氣齊到者最能發福較之飛邊易為認識若其內堂局小
者須頂脈扦之不然則犯裹頭絕不可下也

無束氣弔角格

無束氣弔角者多係大龍遠來雄厚行過多少平曠無峽無攔不能結地至此忽被界水攔阻龍氣遂於此停泊故無束氣亦能結大地非尋常之目所能測識也然枝龍亦多有此格

有束氣吊角格

丙巳巽

圖

有束氣吊角者枝龍到頭多結此格或大幹上生短枝亦多有
成此格者然局勢緊窄須量勢小心頂脈扦之或過緊則承龍
脫圍扦之若誤葬入圍變成裹頭主絕嗣為師者慎之

庚酉辛

以上二格俱枝龍結
局法用頂脈扦之

以上二格俱幹龍生
短枝結局扦法同上

此幹龍生短枝
因局太窄故用
脫圍之法扦之
若扦入圍內成
裏頭必絕

此枝龍到頭結
局緊窄亦用脫
圍法扦之
葬入圍中亦必
絕

接氣局

接氣者不拘一砂一水但以承接龍氣為主或於無砂水之處
亦能結局所把握者在龍在氣不限地格古人往往用此法所
謂視地於無形處也今人則置而不講矣

葉九升曰老陽地面毫無起伏水法有情則平田亦可葬此為

一望平夷無高低處言也然纏水之處必有微高微厚活動如

雲如浪之氣發現其穴必點在活動恰合之處也

又曰平陽曠昄之中四邊離水其遠一望版死不動則無結作

若略有尺寸高低有盤旋之勢有依稀環抱之情乃是低坦綿

亘之局多有悠久之穴但世人不易識耳

古人云平洋不開口神仙難下手開口者以有生氣也不開口

則版實不動無生氣可尋也

古人言穴怪脈不怪玄機云怪穴須知脈不羞蓋地師能識龍

辨氣知脈之所鍾則穴自不走也

平陽串云平洋高地開口吐乳有情而水城環抱相應者結穴

開口穴宜點出則近空而氣動若點進則版實而死吐乳宜點
進扦舌根若點出為裹頭煞凡口不可葬於口中若低葬口中
則龍砂蔽斷風氣壙中水溼必至敗絶
點穴之法不拘山地平洋其勢雖異其理則一最緊要莫如心
德集數語終身用之不盡其語曰點穴之法同中取異不高不
低無太過無不及淺土不可深葬深穴不可淺葬須長中取短
短中又取長曲處取直直處取曲方中取圓圓中取直高中取
低低處取高動中求靜靜中取動硬中取軟軟處尋硬薄中取
厚厚中尋口肥中尋平瘦中取肥飢處取飽飽中取飢葬無妙
法生氣為奇語句雖俚旨趣可倚也
古語云水星葬泡火星葬焰土星葬角金形敧邊惟有木星立

眠兩便眠木葬節立木芽言神樞經云直中取曲須觀直盡曲

初直少兴多理在韜光取焰姚膽旂註云直則死曲則生曲初

正生氣發生之始兴則為火韜光則火不猛烈焰則生發之氣

也

如無錫鉗記載尤渡里眠倒蠟燭形其燭上火係一低秧田

如火花在庚方亥方有水鈎轉到郊巽方亦有浜水暗會郊

地出艮方氣則從乾隨大路而下丑未上俱有小墩其燭身

東西眠正對庚方郭師芷祥註謂宜近火臨弦燭盡處未入

火中之處扦之以泥灰黑色有油腥氣為證土人言光緒十

八年冬天大冷河水冰數十日惟此處亥水未冰秧田中不

積雪然地之言人人殊見故至今未葬想積德者少也

認龍訣云大塊平田到頭左右不開界水僅有穴前低田作小

明堂即以小明堂為定穴之的又曰有眾小取大眾大取小散

中求聚聚中取特直來取橫橫來取直正中取偏偏中取正

葉九升云一入水鄉便向河路尋浜頭若浜頭有曲抱灣兜有

情處則有穴可扞若無浜頭直硬無情則不結穴一平地上有

墩阜即向墩阜去尋得有局面審局定穴宜朝高坐低得水為

妙又曰凡一坦平地不生墩阜便要看平地陷凹處向凹弦覓

穴依法扞葬若平地無浜頭掬抱又無口無墩一片如鋪氈者

乃死土也不必尋求

薾　按在結穴處不拘墩阜屋宇剎幢塔廟華表大樹橋壩均名

為砂溝漕池塘浜澗秧田陰溝均名為水水分動靜流動之水

宜用三合規去來輔星看出面出面者鄉人呼為井又名開漾
者是也靜水但合淨陰陽便佳不必用三合也若水溝陰溝多
不出面但用三合看來去然有時亦可以來去合輔星用也
凡水之出面及砂之夾從須見尖圓方三形為最佳卽有他形
總不若此之妙如水雖出面砂雖崛起不見尖圓方形不過小
有丁財而已富貴非所望也
義水本不圓至此望之忽圓砂本不尖至此望之忽尖墩本不
高至此望之忽高砂本遠至此忽近水本暗至此忽明砂水本
長至此忽短砂水本駁雜至此忽純粹砂水本強直至此忽彎
抱是皆有地之證也
不拘何地總要有護砂則吉無護砂則凶然有一面兩面三面

至巳

之殊皆不失為吉壤惟斬關可無護砂平中突亦無護砂然其
規矩反勝於有護砂者不可不知也
凡純粹之水起短浜謂之起峰浜然正對宜短偏則長亦不妨
不拘前後左右俱喜見之因長則有風故喜短也如不正對則
風不掃穴故雖長不妨也葉九升云左右之水固喜其衝但宜
閃受穴點直衝者非也地有唇乳穴宜靠根外為餘氣若離根
點穴者非也高地開口穴宜近弦若點進離口遠者非也
古人言水狹則衝水闊則不衝然要看闊水醬裏短否若但看
目前之闊不顧醬裏之短恐犯地風吹透子孫稀之句也有情
之砂喜其近穴侍立然兩砂並立了檔太緊者其了中必有風
來亦須避也葉氏言直下之水宜遠對是矣然其直水不大長

則可直水大長雖遠亦不可對也如羊尖歸家墳穴乘龍氣砂
水俱合規矩當向有水直衝然離穴將一里似無害矣不知此
水長三里餘凡河長三里其對之直處地中亦有三里之風故
歸氏葬之不十載而子孫絕矣吁可畏也

古人言平洋星辰眠倒看形勢與山同也故袁叔倫平洋訣云
亦開帳纏護亦過峽束氣　愚謂平洋事事與山同故平地亦有
樂托有鬼撐有禽星有拖曜亦開撐轉翅亦生枝劈脈也
凡扦穴每求生氣之所在扦之此至訣也金針碎言云地理惟
生氣最為難識若能識得生氣點穴自不難矣其法以活動為
生硬直為死細嫩為生粗蠢為死圓淨為生尖利為死散中見
聚處為生顯中取隱處為生平洋串云結穴之塲其土必微高

書五

卷巳

微動方為有氣若平版不動則為死土如水星在平洋形若波

浪須於水動特異處有金泡扦之或轉木星處扦之火星在大

洋中亦能結穴須在兴盡處及開鉗口扦之土星宜扦角土形

方有一角見圓形者即生氣所在謂之土角流金即宜扦之若

四圍方中心忽起動折現圓泡為之土腹藏金扦腹可矣木星

在平地多眠體扦節可也有曲處葬曲可也有芽橫出者亦生

氣可扦也惟金形須要從邊下穴神樞經云一片頑金求其些

些動處却用偏處轉關所謂懸鐘邊響釜仰歸臍者皆生氣之

所在也

夫淨陰淨陽之理本出於天然之道非人力所能免强也古人

以之龍配向用賴公閲地專以此定水之純駁高公乃以此卜

平洋之砂得皆窺得造化之妙也張九儀氏以之配輔星卦亦
無害於理卽古人所傳之三合局亦不能捨此立法高公以之
合用實臻妙境然先哲以龍配向用之陽龍立陽向陰龍立陰
向頗形迂闊之跡不適於用後人以局配向用之名爲五鬼卦
稍覺近理以之覆地頗有與造化自然結構相違者知其非出
於自然乃人之思想所爲也自蔣平階創山向紫白挨法托爲
無極真傳人驟聞之耳目爲之一新於是崇尚新奇者競相率
而走入魔道指諸家之良法皆斥爲僞更合以五鬼卦誇爲千
古以來一家獨得之祕無識之士大夫亦復隨聲附和之自此
視地之真法幾將之矣如于蘭林章仲山輩皆欲附門牆爲耳
孫以售其術於當世最可笑者莫如范宜賓竟欲獨步蔣室斥

罵他家一如蔣氏作乾坤法竅首冠果親王序以壓信當世更
甚於蔣氏之攀姜汝皋為弟子術士之無恥于是乎極矣然習
其法者至今更多豈非魔高於道多也吾輩皆非生太古何必
嘵嘵以辨真偽但取法之驗者而從之去其不驗者自無覆宗
絶嗣之患矣

一